まちごとチャイナ

Hebei 003 Qinhuangdao

秦皇島

渤海に溶け込む「長城」

Asia City Guide Production

【白地図】秦皇島と華北

CHINA
河北省

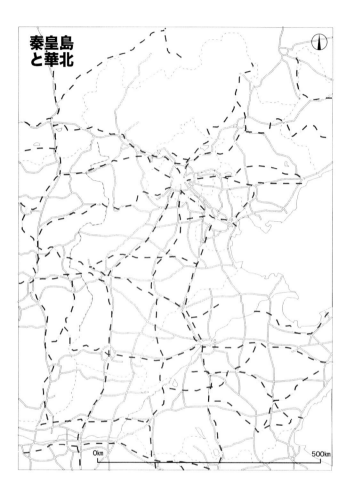

【白地図】秦皇島・山海関・北戴河

CHINA
河北省

秦皇島・山海関・北戴河

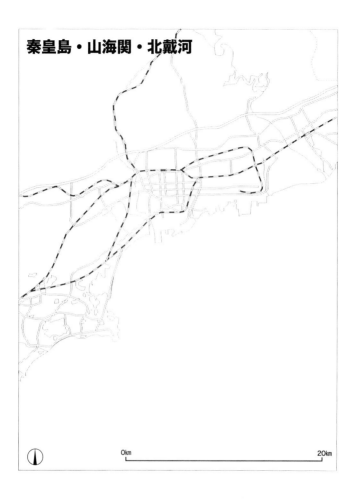

【白地図】秦皇島

CHINA
河北省

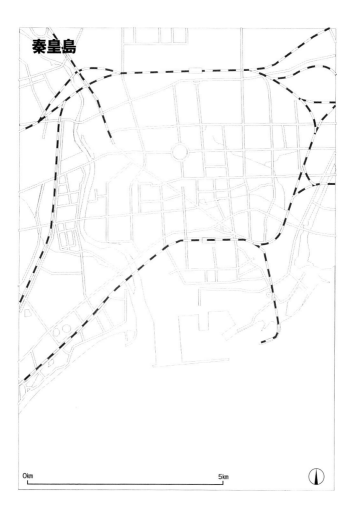

【白地図】秦皇島中心部

CHINA
河北省

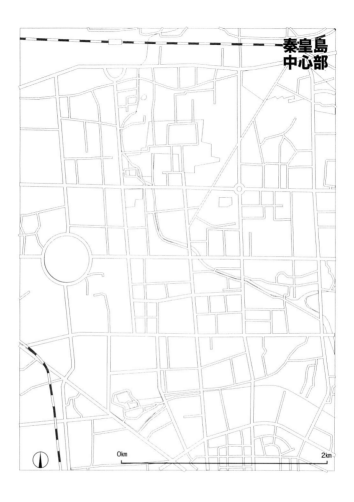

【白地図】山海関

河北省

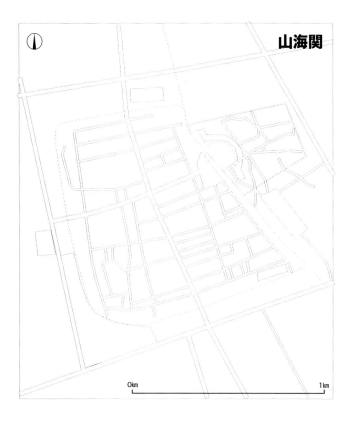

【白地図】老龍頭

CHINA
河北省

【白地図】孟姜女廟

河北省

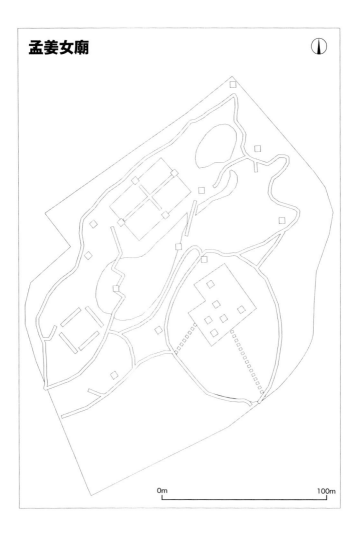

【白地図】山海関郊外

CHINA
河北省

山海関郊外

Qinhuangdao 白地図

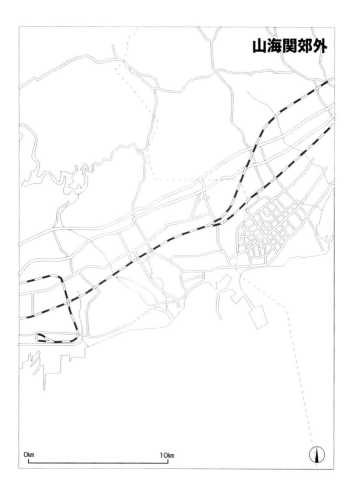

【白地図】北戴河

河北省

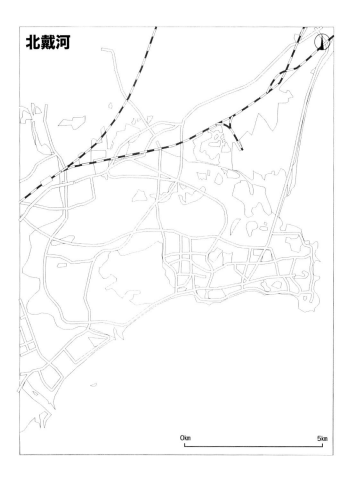

【白地図】北戴河金山嘴

河北省

【白地図】戴河郊外

CHINA
河北省

戴河郊外

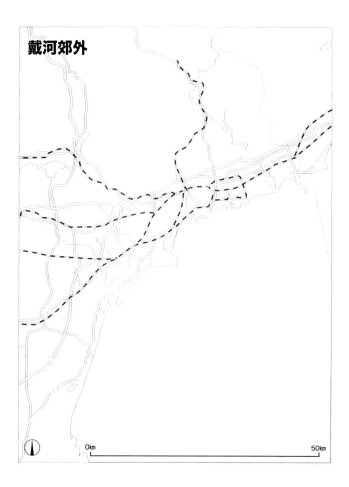

Qinhuangdao 白地図

【まちごとチャイナ】
河北省 001 はじめての河北省
河北省 002 石家荘
河北省 003 秦皇島
河北省 004 承徳
河北省 005 張家口
河北省 006 保定
河北省 007 邯鄲

CHINA
河北省

渤海にのぞみ、万里の長城の東の起点「山海関」を近くに擁する秦皇島。秦皇島という名前は、紀元前215年、海の彼方に棲むという仙人を求めた秦の始皇帝に由来し、この地は神仙世界への入口と見られてきた（秦皇島、山海関、北戴河などの渤海湾岸は古く碣石と呼ばれる地だった）。

秦皇島東15kmの山海関は東北と華北を結ぶ要地と知られ、魏の曹操、唐の李世民、明清交替期の呉三桂や清軍などが足あとを残している。一方で、山海関南の秦皇島には近代にな

Qin Huang Dao
秦皇岛 Qín huáng dǎo
チンフゥアンダオ
秦皇島

るまでほとんど何もなかったが、1898年、冬でも凍結しないことが注目され、秦皇島港の建設とともに街は発展をはじめた。

20世紀以降、秦皇島は新興の工業都市として目覚ましい成長を見せ、現在、河北省有数の港湾機能をもつほか、北京、天津、大連、青島などとともに環渤海経済圏を形成している。また「天下第一関」の山海関、涙で万里の長城を崩したという孟姜女の廟、中国政治の要人が集う北戴河など、近郊に豊富な観光資源を抱える。

【まちごとチャイナ】

河北省 003 秦皇島

目次

秦皇島	xxiv
海上神仙世界に続く場所	xxx
秦皇島城市案内	xxxix
山海関城市案内	lx
愛妾が開かせた不落の関	lxxxiii
老龍頭城市案内	lxxxix
孟姜女廟鑑賞案内	xcvii
山海関郊外城市案内	cix
北戴河城市案内	cxvi
戴河郊外城市案内	cxxxi
城市のうつりかわり	cxxxvii

【MEMO】

【地図】秦皇島と華北

CHINA
河北省

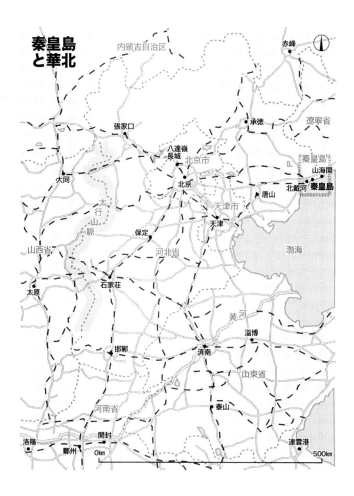

海上神仙
世界に
続く場所

CHINA
河北省

渤海にたびたび現れる蜃気楼
そこには不老不死の仙人が棲むと考えられてきた
始皇帝や孟姜女などにまつわる物語が伝わる

神仙世界へつながる碣石

紀元前221年、史上はじめて中華全土を統一した秦の始皇帝は、自らの威光を示すために各地を巡行した。渤海に面した東方の斉や燕の故地では、神仙思想や方術が盛んで、方士の徐福や盧生は始皇帝に「不老不死の仙薬」の存在を説いた。紀元前215年、渤海湾に浮かぶ蓬莱・方丈・瀛州の三神山に棲むという仙人を求めて、始皇帝はこの地から船団を派遣したが、結局、それが見つかることはなかった。秦皇島という名前は、以上の話をもとに明(1368〜1644年)代に名づけられ、かつてはその名の通り陸から離れた島だった。長らく、

Qinhuangdao 海上神仙世界に続く場所

海にそそり立つ石「碣石」、そのそばに「始皇帝の離宮」があったと伝えられてきたが、近年、山海関そばの遼寧省綏中と、河北省北戴河から秦代の離宮跡が発見された。また渤海でときおり見えたという蓬萊・方丈・瀛州の三神山は、蜃気楼だと考えられている。

孟姜女と万里の長城

秦皇島の北側から東側に向かって万里の長城が走り、その東端には華北（関内）と東北（関外）をわける要害の地「山海関」が立つ。この山海関のそばには、中国四大民話のひとつ『孟

CHINA
河北省

姜女』にまつわる孟姜女廟が残っている。始皇帝が進める万里の長城建設のために、借り出された夫を求めて孟姜女はこの地にいたった。しかし、すでに夫は死んで長城の下に埋葬されている。その事実を知った孟姜女が涙を流すと、長城は崩れ去り、夫の遺骨を抱いて孟姜女は渤海に身を投げたという。万里の長城の建設には多くの労働者が借り出されたが、始皇帝の築いた万里の長城は今の長城よりはるか北を走っていた。一方で孟姜女の話も『春秋左氏伝』(春秋時代) に初見され、やがて始皇帝と孟姜女の異なる話が結びつけられて現在の孟姜女伝説となった。

▲左　万里の長城は東端で渤海に出合う、老龍頭にて。　▲右　始皇帝はここから東方の海上に棲む神仙を求めた

特別な気候、特別な地

秦皇島は近代になってから、冬に港が凍結する天津に代わる新たな港として開発された（首都北京への物資を運んだり、石炭の積出港としての役割が期待された）。天津よりも緯度が高いのに、凍結せずに１年中利用できるのは、天津を流れる海河のような大きな河川がないため海水の岩塩量が多いこと、深海域に面し水温を保持しやすいこと、暖流の影響といった理由があげられる。また秦皇島西側の北戴河が中国を代表する保養地となっているのも、この地の優れた気候による。北戴河は同緯度の北京にくらべて１日の温度差が少なく、初

河北省

夏には海と陸からの風（日中は海からの南西風、夜は陸からの風）を受けるため、心地がよい。こうして北戴河は気温や湿度が高くても、快適に過ごせる人気の避暑地となった。

秦皇島・山海関・北戴河の構成

北京の北側から渤海に向かって走ってくる燕山山脈。明代、この燕山山脈の尾根上に万里の長城が築かれ、山海関という名前は「山（燕山山脈）」と「海（渤海）」が交わることから名づけられた。秦皇島はこの山海関の西15kmにあり、20世紀初頭までほとんど何もなかったが、やがて不凍港の港湾環

▲左　小吃も味わいたい、山海関旧城にて。　▲右　ロシア語の看板、北戴河は世界中の人が集まるリゾート地

境から急速に発展をとげた（秦皇島はかつて陸から離れた島で、現在の東山公園がこれにあたる）。当時は近くの開灤炭鉱から産出される石炭の積出港の役割を果たし、港に向かって鉄道が伸びている。1949年の中華人民共和国成立以後、新興の工業都市として発展し、2008年の北京五輪にあわせて市街西部の開発区も整備された。また秦皇島港が造営されたのと同時期、イギリス人技師によって秦皇島南西15kmの北戴河が見出され、以来、北戴河は中国有数の保養地となっている。

【地図】秦皇島・山海関・北戴河

【地図】秦皇島・山海関・北戴河の ［★★★］
- ☐ 山海関（天下第一関）山海关シャンハイグゥアン
- ☐ 老龍頭 老龙头ラァオロォントォウ

【地図】秦皇島・山海関・北戴河の ［★★☆］
- ☐ 秦皇島 秦皇岛チィンフゥアンダァオ
- ☐ 秦皇求仙入海処 秦皇求仙入海处
  チィンフゥアンチィウシィアンルゥハァイチュゥ
- ☐ 渤海 渤海ボォハァイ
- ☐ 孟姜女廟 孟姜女庙メェンジィアンヌゥミャオ
- ☐ 北戴河 北戴河ベイダァイハア

【地図】秦皇島・山海関・北戴河の ［★☆☆］
- ☐ 老虎石 老虎石ラァオフウシイ

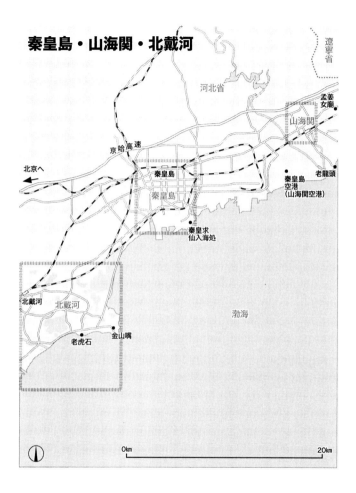

秦皇島・山海関・北戴河

Qinhuangdao 海上神仙世界に続く場所

【MEMO】

CHINA
河北省

**Guide,
Qin Huang Dao**

秦皇島
城市案内

街の名が始皇帝に由来する秦皇島
遠い昔から語られてきた伝説を
今に残す河北省東部の港湾都市

秦皇島 秦皇岛
qín huáng dǎo チィンフゥアンダァオ ［★★☆］

秦皇島には、秦皇こと始皇帝が建設した万里の長城の塼（レンガ）のあまりでできたという伝説が残り、明代にはじめて「秦皇島」という地名が現れる。秦皇島は清の乾隆帝（在位1735〜95年）時代ごろまで本土から離れた岩石状の島だったが、やがて半島状につながった（19世末までこの地には、藻塘子という寒村がたたずんでいた）。1898年、天津に代わる港として注目され、続けて1900年の義和団事件では八カ国連合軍の上陸地にもなっている。1916年には鉄道が通じ、

CHINA
河北省

以後、イギリスが利権をもつ石炭の積出港として、本格的な港湾機能をそなえていった。当初、天津港が凍結する冬に山東省から商人が訪れ、夏になると人びとは天津に戻るということも見られたという(冬のあいだだけ栄えていた)。また義和団事件以後、アメリカ海軍のホーカム基地がおかれ、1941年の日米開戦直後に北京原人失踪の舞台になったという経緯もある。現在は、河北省を代表する港湾都市、工業都市に成長をとげた。

▲左　河北省を代表する都市へと成長した秦皇島。　▲右　漢字でスローガンが示されている

迎賓路 迎宾路 yíng bīn lù イィンビィンルウ［★☆☆］

秦皇島駅から人民公園に向かって南北に伸びる迎賓路。ホテル、レストラン、商店がならぶ、秦皇島の目抜き通りのひとつ。

秦皇東大街 秦皇东大街
qín huáng dōng dà jiē チィンフゥアンドォンダアジエ［★☆☆］

秦皇島市街部の中央に位置する新世紀公園の東西を走る大動脈の秦皇東大街。企業や大型店舗が集まり、湯河を越えて西に伸びる秦皇西大街は開発区へと続いていく。

【地図】秦皇島

【地図】秦皇島の [★★☆]
- ☐ 秦皇島 秦皇岛 チンフゥアンダァオ
- ☐ 秦皇求仙入海処 秦皇求仙入海处
  チンフゥアンチィウシィアンルゥハァイチュウ

【地図】秦皇島の [★☆☆]
- ☐ 迎賓路 迎宾路 イィンビィンルゥ
- ☐ 秦皇東大街 秦皇东大街 チンフゥアンドォンダアジエ
- ☐ 人民公園 人民公园 レェンミンゴォンユゥエン
- ☐ 江東路歩行街 江东路步行街
  ジィアンドォンルウブウシンジエ
- ☐ 秦皇島港 秦皇岛港 チンフゥアンダオガァン
- ☐ ホーカム基地跡 霍爾康姆営地遺址
  フゥオアアカァンムウイィンディイイチイ
- ☐ 秦皇島経済技術開発区 秦皇岛经济技术开发区
  チンフゥアンダオジィンジイジイシュウカイファア
チュウ
- ☐ 秦皇島市奥林匹克体育中心 秦皇岛市奥林匹克体育中心
  チンフゥアンダオシイアオリィンピィカァティイユ
ウチョォンシィン

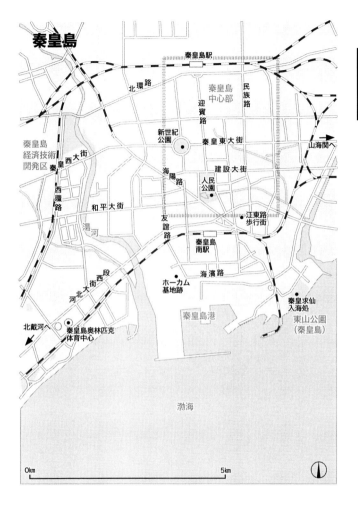

【地図】秦皇島中心部

【地図】秦皇島中心部の ［★★☆］
- [ ] 秦皇島 秦皇岛チィンフゥアンダァオ

【地図】秦皇島中心部の ［★☆☆］
- [ ] 迎賓路 迎宾路イィンビィンルウ
- [ ] 秦皇東大街 秦皇东大街チィンフゥアンドォンダアジエ
- [ ] 人民公園 人民公园レェンミンゴォンユゥエン
- [ ] 江東路歩行街 江东路步行街 ジィアンドォンルウブウシンジエ

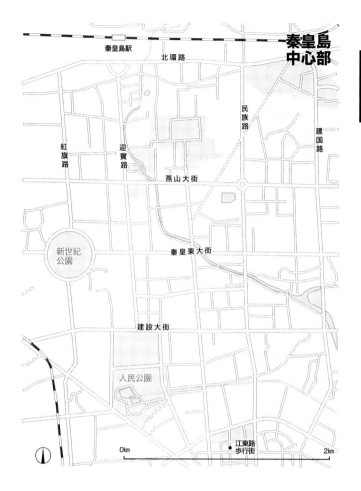

CHINA
河北省

秦皇求仙入海処 秦皇求仙入海処
qín huáng qiú xiān rù hǎi chù
チィンフゥアンチィウシィアンルウハァイチュウ ［★★☆］

紀元前215年、碣石（秦皇島界隈）を巡行で訪れた秦の始皇帝が、不老不死の仙薬を方士に求めさせたことに由来する秦皇求仙入海処。燕の盧生は渤海に棲むという仙人羨門高（もしくは羨門・高誓）のもとへ旅だったが、結局、探しあてることはできず、その代わりに「秦を亡ぼす者は胡なり」という預言書をもち帰った。また燕の盧生のほかに、斉の徐福は童男童女3000人を連れて旅立ち、そのまま帰ってこず日本

▲左　まずは腹ごなし、揚州炒飯とスープ。　▲右　ずらりと店がならぶ迎賓路のにぎわい

に到着したと言われるが、秦皇島は連雲港や慈渓とともに徐福出港の候補地にあげられる（古来中国では、西の乾燥地帯から河川の流れ着く東の海は神秘的で、畏怖の対象となり、「海は晦なり」とされた）。秦皇求仙入海処はこの街の発祥地である「秦皇島」があった東山公園の一角に位置し、海に向かって手をかざす始皇帝像が立つ。「秦皇求仙入海處」の文字が入った明代の 1477 年の石碑も見られ、文革時の 1966 年に海中に投げ入れられたのち、1988 年に発見されて現在にいたる。

河北省

東方諸国と始皇帝

始皇帝の統一する前の中国は、各地に諸国がならび立つ春秋戦国（紀元前770〜前221年）時代だった。この時代を通じて東方の斉（山東省）は文化の最先端地で、斉の桓公が創始した稷下学宮では、儒家、道家、墨家、法家などが百家争鳴の議論を繰り広げた。また斉やその北の燕では、天文、暦、占術、医薬、房中術、神仙思想の担い手の方士が力をもち、渤海には蓬莱、瀛洲、方丈の三神山が浮かび、そこに棲む仙人は「永遠の生命」をもつと言われた。始皇帝（紀元前259〜前210年）はこの方士たちの話に心奪われ、「不老不死の

秦皇島城市案内　Qinhuangdao

仙薬」を各地で探させたが、結局は見つかず、方士たちは姿をくらませた（紀元前 220 年から始皇帝は 5 度に渡って中国各地を巡行して永遠の生命を求め、また民情を視察して新たな支配者である皇帝の威光を示した）。始皇帝の秦は、乾燥地帯の陝西咸陽（西安）に都をおき、法による統治のもと国力を伸ばしたが、紀元前 221 年の中華統一以後、山東の泰山で封禅の儀をとり行なうなど、海に面した東方の儀式も尊重した。

【MEMO】

新生代（6550万年前〜）
島状だった秦皇島と北戴河

『秦皇島地区新生代古地理若干問題初歩探討』（孔繁徳）をもとに作成

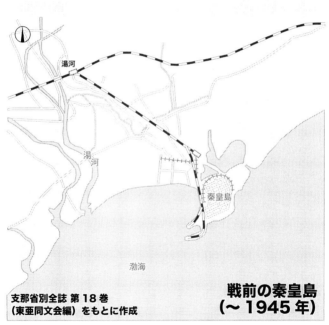

支那省別全誌 第18巻
（東亜同文会編）をもとに作成

戦前の秦皇島
（〜1945年）

河北省

人民公園 人民公园
rén mín gōng yuán レェンミンゴォンユゥエン ［★☆☆］

秦皇島のちょうど中心部に広がる巨大な緑地の人民公園。人々の憩いの場所となっているほか、あたりには役所や公共機関が立つ。

江東路歩行街 江东路步行街
jiāng dōng lù bù xíng jiē ジィアンドォンルウブウシンジエ

秦皇島南駅の近く、大型商業店舗がならぶ一角に位置する江東路歩行街。ホテルやレストランが集まり、秦皇島でも有数のにぎわいを見せる。

秦皇島港 秦皇岛港
qín huáng dǎo gǎng チィンフゥアンダオガァン [★☆☆]

清代の1898年に築かれ、渤海の北岸ではめずらしい不凍港の秦皇島港。この港湾条件が注目され、1900年の義和団事

CHINA
河北省

件で八カ国連合軍の上陸地点にもなっている。以後、イギリスが資本を出して中国の鉱山や鉄道などの開発を進めるなかで、秦皇島港は唐山の開灤炭鉱の石炭の積み出し港となった（また冬季、天津港の代役を果たした）。やがて港湾機能の整備が進むと、東北の大豆や山西省の石炭、大慶油田の石油などが秦皇島港を通じて各地に輸出された。とくに1949年の中華人民共和国成立後は総合的な港湾設備をもつ港へと成長をとげた。

▲左　秦皇島の足となる路線バス。　▲右　たすき掛けの女性たちが観光案内を受けつけている

ホーカム基地跡 霍爾康姆营地遗址
huò ěr kāng mǔ yíng dì yí zhǐ
フゥオアアカァンムウィンディイイチイ ［★☆☆］

1900年の義和団事件以後、西欧列強と日本は居留民の保護を名目にして中国で軍隊を配置していた。秦皇島にはアメリカ海兵隊のホーカム基地（Camp Holcom）があり、ここは1941年12月8日の太平洋戦争開始の日に「北京原人失踪事件」の舞台になったことでも知られる。1926年にはじまった周口店北京原人遺跡の発掘は「世紀の発見」とされ、その化石はアメリカの援助でつくられた協和医科大学に安置され

CHINA
河北省

ていた。1941年、日米関係の悪化を受けて、北京原人の化石は海兵隊の荷物とともに秦皇島ホーカム基地へと運ばれた（12月8日の日米開戦を受けて、日本軍が共和医科大学に接収にいったとき、すでに北京原人化石はなくなっていた）。この戦時の混乱のなかで北京原人の化石は行方知れずとなり、ホーカム基地が北京原人化石の最終確認地点となった。「海に沈んでしまった」「日本へ運ばれた」「アメリカへ運ばれた」「ホーカム基地跡の地下に眠っている」などの説が唱えられている。

秦皇島経済技術開発区 秦皇岛经济技术开发区
qín huáng dǎo jīng jì jì shù kāi fā qū チィンフゥアンダオ ジィンジイジイシュウカイファアチュウ［★☆☆］

1978年以後、中国では資本主義の要素を導入した改革開放が進められ、秦皇島にも開発区がつくられた。秦皇島の開発区は湯河の西側におかれ、中国企業、外資企業ともに多くの企業が進出している。華北と東北を結ぶ地の利を活かした事業が行なわれ、また大連、天津、青島とともに環渤海経済圏をかたちづくっている。

CHINA
河北省

秦皇岛市奥林匹克体育中心 秦皇岛市奥林匹克体育中心
**qín huáng dǎo shì ào lín pǐ kè tǐ yù zhōng xīn チィンフゥアンダ
オシイアオリィンピィカァティイユウチョォンシィン** [★☆☆]

秦皇島開発区の南側に立つ秦皇島市奥林匹克体育中心（秦皇島オリンピックセンター）。2008年の北京五輪時に分散開催されたサッカー競技用につくられたもので、3万2000人を収容する。このあたりは秦皇島海洋新城として整備された。

Guide, Shan Hai Guan
山海関
城市案内

CHINA
河北省

中国北辺を走る万里の長城東端に位置する山海関
華北と東北を結ぶ街道上の要地に築かれ
中国を代表する難攻不落の関所とされてきた

山海関（天下第一関）山海关
shān hǎi guān シャンハイグゥアン ［★★★］

山海関の地は古くから要地と知られてきたが、ここが万里の長城の終点になったのは6世紀の北斉（南北朝）時代で、そのときは現在よりも西側に関城があった（海に近いこのあたりは唐代以前は湿地帯で通行しづらく、より西の喜峰口や古北口が交通路だった）。11世紀の遼代にこの地に関所がおかれ、現在の山海関と山海関長城は明代の1381年に徐達が築いたものを継承する。北の燕山山脈（山）と南の渤海（海）のあいだに位置することから、山海関(山海衛)と名づけられ、

▲左　天下第一関の扁額が見える。　▲右　伝統的な華北の四合院住宅がならぶ、山海関旧城にて

万里の長城上にそびえる山海関の東門が「鎮東楼（天下第一関）」となっている。「鎮東楼（天下第一関）」は高さ12mの城壁のうえに、正面20m、奥行き11m、高さ12mの二層の楼閣が載っている（下部中央に門扉があり、街道を往来する人びとが通過した）。この「鎮東楼（天下第一関）」を基点に全長4800m、四方形の城壁が走り、東門「鎮東楼（天下第一関）」、西門「迎恩門」、南門「望洋門」、北門「威遠門」のうえにはそれぞれ城楼が立つ。また城外に壕をめぐらせ、イエズス会士の伝えた大砲を備えるなど、山海関は鉄壁の防御を誇る要塞都市だった。

【地図】山海関

【地図】山海関の [★★★]
- [ ] 山海関（天下第一関）山海关シャンハイグゥアン

【地図】山海関の [★★☆]
- [ ] 天下第一関の額 天下第一关匾額 ティエンシャアディイイイグゥアンビィェンアア
- [ ] 山海関長城 山海关长城 シャンハイグゥアンチャンチャァン
- [ ] 山海関旧城 山海关旧城 シャンハイグゥアンジィウチャァン

【地図】山海関の [★☆☆]
- [ ] 鼓楼 鼓楼 グウロォウ
- [ ] 望洋楼 望洋楼 ワァンヤァンロォウ
- [ ] 迎恩楼 迎恩门 イィンエンメン
- [ ] 大悲院 大悲院 ダアベェイユゥエン
- [ ] 総兵府 总兵府 ゾォンビィンフウ
- [ ] 王家大院 王家大院 ワァンジィアダアユュエン
- [ ] 長城博物館 长城博物馆 チャンチャァンボオウグゥアン
- [ ] 山海関清真寺 山海关清真寺 シャンハイグゥアンチィンチェンスウ

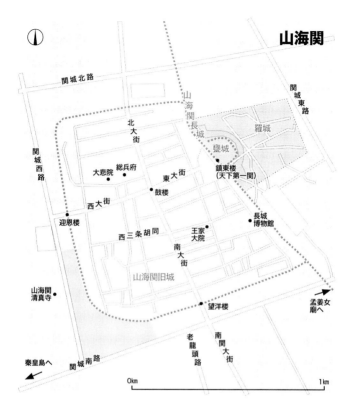

河北省

天下第一関の額 天下第一关匾额
tiān xià dì yī guān biǎn é
ティエンシャアディイイイグゥアンビィェンアア ［★★☆］

山海関の東門（鎮東楼）にかかげられた「天下第一関」の扁額。万里の長城の東端にあたる老龍頭（寧遠城）から数えて「（東側から）第一」の関所であることを意味する。書体の見事さから書聖王羲之（307 〜 365 年）によるものとも言われるが、実際は 1472 年、明代書家の簫顕による揮毫。この扁額にはひとつの言い伝えがあり、皇帝の山海関巡行にあわせて官吏に頼まれた簫顕は筆をとることになった。簫顕は福建省にい

Qinhuangdao 山海関城市案内

たとき、両親への仕送りを官吏にぬかれていたため、その仕返しに「天下」の「下」の「、(点)」をぬいて書いた。それを知った官吏はあわてて、簫顕に頼み込み、雑巾で点をつけ加えることで丸くおさめた。毛沢東（1893～1976年）全盛期には、「毛主席、万才！ 万才！ 万万才！」という額がかかげられていたという。

河北省

山海関長城 山海关长城 shān hǎi guān cháng chéng
シャンハイグゥアンチャンチァァン ［★★☆］

渤海に面した山海関から嘉峪関まで6000km以上を走る万里の長城（世界遺産）。秦の始皇帝が築いた万里の長城は、現在の長城よりもはるか北方に位置し、山海関が万里の長城の東端になったのは6世紀の北斉時代のこと。現在の山海関長城はモンゴルの元を北方に駆逐した明代の1381年に徐達が築いたもので、明代の長城線は北斉時代のそれとほぼ重なるという。1984年以後、鄧小平の提唱で荒れていた万里の長城は再整備された。

▲左　山海関は万里の長城の要衝だった。　▲右　上半身裸の男たちが勇ましく餅をつく

孟姜女哭倒長城の石碑

「鎮東楼（天下第一関）」のすぐそばに立つ中国四大説話のひとつ『孟姜女説話』ゆかりの孟姜女哭倒長城の石碑。孟姜女は秦の始皇帝による万里の長城の土木工事に借り出された夫を求めるが、ここ山海関にたどり着いたとき、すでに夫はなくなっていた。長城のしたに埋葬された夫の前で、孟姜女が涙を流すと、万里の長城は崩れ去り、孟姜女は夫の遺骨を抱いて渤海に身を投げた。山海関のあたりが孟姜女が涙で崩した長城とされるが、始皇帝時代の長城は実際、山海関よりもはるか北に位置する（のちに孟姜女と始皇帝が結びつけられ

河北省

た)。またここから東 6kmの鳳凰山頂に孟姜女廟が残る。

山海関旧城 山海关旧城 shān hǎi guān jiù chéng
シャンハイグゥァンジィウチャァン [★★☆]

明清時代の面影を今に伝える山海関旧城。山海関旧城は明(1368 〜 1644 年)代に築かれ、万里の長城上の要所におかれた鎮や関所のひとつとして遼東鎮(九辺鎮)に属した。軍事物資がここに運ばれ、兵隊が待機する場所という要塞という性格にくわえ、北京と東北を結ぶ要衝だったため、商人や町人も多く暮らすひとつの都市だった。清(1616 〜 1912 年)

代、山海関を訪れた朝鮮人の朴趾源は、「民舎や市街は盛京（瀋陽）よりまさり、車馬が最もにぎわい、士人や女性は、なかなか、あかぬけていた。その繁華と富麗は、沿道でならぶものはなかった」（『熱河日記』）と記している。清朝第4代康熙帝の時代になると、山海関には漢族と満州族がともに暮らし、両者の交易の場として繁栄した。

鼓楼 鼓楼 gǔ lóu グウロォウ ［★☆☆］
山海関の東門「鎮東楼（天下第一関）」と西門「迎恩門」、南門「望洋門」と北門「威遠門」を結ぶ大通りが交差する十字

CHINA
河北省

路に立つ鼓楼。明初に建てられたあと、何度か再建されて今にいたる。かつてはこの鼓楼のすぐ北に鐘楼があり、太鼓を鳴らして街なかに時間を伝えた。鼓楼界隈には露店が出てにぎわいを見せている。

望洋楼 望洋楼 wàng yáng lóu ワァンヤァンロォウ［★☆☆］
山海関の南門にあたる望洋楼。1529年に建てられ、南側の「渤海を望む」という意味から名づけられた。城壁のうえに二層の楼閣が立つ。

▲左　堂々とした伽藍をもつ仏教寺院、大悲院。　▲右　王家大院の入口、獅子が門前を守る

迎恩楼 迎恩门 yíng ēn mén イィンエンメン ［★☆☆］

迎恩楼は山海関の西門で、ここから先は北京への街道が続いていた。明初期に建てられた建物は極彩色で彩られている。

大悲院 大悲院 dà bēi yuàn ダアベェイユゥエン ［★☆☆］

大悲院は山海関最大の仏教寺院で、明代の永楽（1403〜24年）年間に建てられた。山門、天王殿、大雄宝殿、大悲閣と軸線上に建物が連なる。大悲院という名前は、この寺院に安置された金色の大悲観音（千手観音）に由来する。

河北省

総兵府 总兵府 zǒng bīng fǔ ゾォンビィンフウ ［★☆☆］

総兵府はこの地におかれた山海衛の駐屯地跡。明代の1381年、全国に親軍衛、京衛、外衛が設置され、明朝の統治官署となった。ここ山海衛（山海関）には、大型物資の補給拠点、軍隊駐屯所があり、総兵府軍人像が立つ。

王家大院 王家大院
wáng jiā dà yuàn ワァンジィアダアユゥエン ［★☆☆］

鼓楼近くの東三条胡同に残る王家大院。明末清初の中国伝統民居の様子を伝えることから山海関民俗博物館とも呼ばれ

る。四合院様式の建物には机や椅子などの調度品、文房四宝がおかれ、庭の竹林、切り取った洞門なども見られる。

長城博物館 长城博物馆 **cháng chéng bó wù guǎn**
チャンチャァンボオウウグゥアン［★☆☆］

山海関から嘉峪関まで6000km以上続く万里の長城。長城博物館では始皇帝時代からの「長城歴史」、版築やレンガによる烽燧台などをあつかう「長城建築」、長城を越えて往来した人びとの「長城経済文化」、「今日長城」などが写真や模型で展示されている（また山海関に据えられたイエズス会によ

河北省

る大砲も見える)。1991 年に完成した。

山海関清真寺 山海关清真寺 shān hǎi guān qīng zhēn sì
シャンハイグゥアンチィンチェンスウ ［★☆☆］

山海関の外側、かつての西羅城に立つ山海関清真寺。明代の1380 年に創建され、イスラム教徒の回族の人たちが集団礼拝に訪れる。

▲左 山海関の中心に立つ鼓楼。 ▲右 明代の軍駐屯地だった総兵府では兵士像も見られる

山海関駅 山海関站
shān hǎi guān zhàn シャンハイグゥアンヂアン [★☆☆]

山海関の南側に位置する鉄道駅の山海関駅。華北（河北省）と東北（遼寧省）を結ぶ要衝で、戦前は満州国と中国の国境地帯にあたった（連絡駅だった）。この山海関駅から山海関旧城に向かって繁華街の南関大街が伸び、かつてはジャパン・ツーリスト・ビューローがオフィスを構えていた。

河北省

鉄壁の防御を誇った山海関

燕山山脈と渤海、山と海がせまり、山海関の地ではわずか9kmほどが平野となっている。この天然の地形を利用して築かれた要塞が「山海関」で、山海関の東門「鎮東楼（天下第一関）」とそれを防御する「甕城」、さらにその外側に建てられた「東羅城（1584年建造）」の三重の防御態勢をもつ（高さ8mの城壁で囲まれた周囲2kmの東羅城、1643年造営の周囲4km弱の「西羅城」が山海関の東西を守る）。また東門「鎮東楼（天下第一関）」にあわせて南北に万里の長城が伸び、北に離れた場所に「北翼城（1633年）」、と南側に「南翼城（1633

年)」、渤海と接する老龍頭に周囲500mの「寧海城（1633年)」（さらに城内に澄海楼)、また羅城の東1kmの歓喜嶺に「威遠城（1643年)」がおかれた。これら複数の城が相手の侵入をさまたげる鉄壁の陣営がしかれ、各所にもうけられた烽火台から山海衛守備、そこから北京に報告される態勢がとられていた。山海関では敵100に対して、味方2の数で守れるほどだったという。

【MEMO】

河北省

関内と関外

現在、遼寧省と河北省をわける山海関は、歴史的に見ても兵家必争の要地で、ここを基点に関内（中華）と関外（辺境の地）と呼ばれた。1644年、満州族を出自とする清朝は、この山海関から北京に入って中華王朝となり、それを清朝の「入関（山海関から中華に入る）」と呼ぶ。また清朝皇帝の陵墓である清東陵、清西陵（ともに河北省）に対して、「入関」以前の皇帝先祖の陵墓は瀋陽郊外に位置し、これを「関外三陵（山海関外の三陵）」と呼ぶ。山海関は1920年代、奉天（瀋陽）軍閥と直隷軍閥の戦いの場となり、奉天軍閥の張作霖は山海

Qinhuangdao

山海関城市案内

関から北京へ進出した。また日露戦争（1904～05年）以後、大陸に進出した日本は遼東半島の租借地を「山海関の東」を意味する関東州と名づけ、関東軍の名前はそこからとられている。1933年の熱河作戦では、関東軍は満州国から山海関を侵略し、やがてこの地を華北への足がかりとした。

愛妾が開かせた不落の関

愛妾陳円円から離れて山海関で
清軍と対峙していた明の武将呉三桂
李自成の反乱軍に陳円円を奪われたとき・・・

満州族の台頭と明の防御態勢

明朝の支配は第12代嘉靖帝のころ、豊臣秀吉の朝鮮出兵（1592〜98年）や、のちに清朝を樹立する満州族ヌルハチの勢力拡大（1618年挙兵）などで、大きく揺らぎはじめていた。満州軍に瀋陽が征服されるなか、明の李成梁（1526〜1615年）は山海関、その先の寧遠城で防御を固め、イエズス会士の伝えた大砲や守備隊の活躍もあって、ここで満州軍を食いとめていた。この遼西の地に育ったのがのちの明の武将呉三桂（1612〜78年）で、祖父の代から遼西に来て、父の代に家は名をあげた。呉三桂は寧遠前屯中後所に身をお

河北省

く武官として成長し、第17代崇禎帝から遼東・山海関両鎮の全権をまかされていた（明朝最大の軍事力をもっていた）。関外で満州族による清朝が樹立されるなか、北京に容易に近寄れなかったのはこの山海関の防御が鉄壁だったことによる。

北京陥落と呉三桂のとった行動

こうした状況で中国華北に飢饉が起こり、1628年に起こった農民反乱の李自成軍は北京を目指した。明の主力は山海関に移動していたことから、1644年、防御の手薄になってい

▲左　夏涼しく冬暖かい、北戴河の海岸。　▲右　鉄壁の守りをしていた山海関

た北京は陥落、第17代崇禎帝は自殺して明朝は滅んだ。山海関で清朝のドルゴン軍と対峙していた明の武将呉三桂は、北京陥落の報を耳にすると、ドルゴンに援軍を要請し、北京の李自成の軍を討つ方針を決めた（また山海関の指導的立場にあった郷紳がドルゴンを誘導した）。呉三桂が清朝側につき、李自成を討つことを決めたのは、愛妾（南京にいた遊女）で絶世の美女の陳円円を李自成軍に奪われたからだともいう。こうして難攻不落を誇った山海関の門が開かれ、呉三桂は陳円円をとり戻したのち、正妃にしようとしたが、陳円円はそれを受けず、別院に独居して最後は女道士になった。愛

する女性のために山海関の門を開いた呉三桂は、国を売った国賊とも評価される。

入関と清朝の支配確立

農民反乱軍の李自成は大順皇帝を名乗っていたものの、わずか40日で北京を追われることになった。1644年、満州族の清朝が山海関を通って中国に入ったことを「入関」と言い、やがて第3代順治帝（ドルゴンはその叔父）が紫禁城の玉座についた。こうして清朝による中国支配がはじまったが、満州族の統治に対する反対は各地で起こり、明の遺臣たちは中

愛妾が開かせた不落の関

Qinhuangdao

　国南部で独自に皇帝を擁立して抵抗を続けた。こうしたなか明の軍人でもあった呉三桂はめざましい活躍を見せ、清朝による中国統一の功労者として平西王に封じられた。清朝初期、中国南部は呉三桂などの漢族の軍人に統治されていたが、やがて王朝支配の安定した第4代康熙帝時代にこれらの勢力をそぎにかかった。康熙帝に反対する三藩の乱（1673〜81年）が起こったが、鎮圧され、満州族による清朝の支配が確立した。

Guide,
Lao Long Tou
老龍頭
城市案内

どこまでも続く万里の長城
老龍頭はその龍の頭にあたる東の果て
長城はここで渤海に溶け込んでいく

老龍頭 老龙头 lǎo lóng tóu ラァオロォントォウ ［★★★］

中国北部を6000km以上に渡って走る万里の長城の最東端に位置する老龍頭。長城を「龍」に、渤海に溶け込むこの地を「頭」に見立てて、「老龍頭（龍の頭）」という名前で呼ばれる。老龍頭では、万里の長城という龍が渤海の海水を飲んでいるようにも見え、山海関の「天下第一関」という言葉は、この老龍頭「寧海城」から数えて「ひとつ目の関所」を意味する。明の徐達（1332～85年）によって築かれ、鉄壁の防御をもつ山海関を迂回して海からの侵入をふせぐため、老龍頭では海に向かって22.4m、万里の長城が突き出している。衛兵の

【地図】老龍頭

【地図】老龍頭の [★★★]
- [ ] 老龍頭 老龙头 ラァオロォントォウ

【地図】老龍頭の [★★☆]
- [ ] 入海石城 入海石城 ルウハイシイチァァン
- [ ] 渤海 渤海 ボオハァイ

【地図】老龍頭の [★☆☆]
- [ ] 澄海楼 澄海楼 チァァンハイロウ
- [ ] 徐達将台 徐达将台 シュウダアジィアンタァイ
- [ ] 海神殿 海神殿 ハァイシェンディエン
- [ ] 天后宮 天后宮 ティエンホゥゴォン

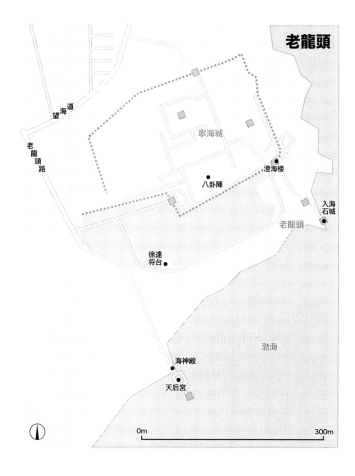

河北省

配置された軍事要塞という性格をもち、敵を遠ざけた大砲、模型などを陳列する兵器陳列室、明の武将像が位置する。また老龍頭の南側には海神殿、天后宮があり、海の守り神がまつられている。

澄海楼 澄海楼 chéng hǎi lóu チャァンハイロウ ［★☆☆］
渤海をのぞむ万里の長城東端にそびえる澄海楼。高さ14.5m、二層の楼閣には「雄襟万里」の扁額がかかげられている。渤海、美しい砂浜、打ち寄せる波などが視界に入り、この景色を見て皇帝や文人たちは詩を詠んだ。周囲には石碑が多く立つ。

▲左 渤海の水を飲む龍!? 入海石城。 ▲右 万里の長城の東の果てに立つ澄海楼

入海石城 入海石城
rù hǎi shí chéng ルウハイシイチャァン [★★☆]

万里の長城の海に入る延長部を「海に入る石の城」入海石城と呼ぶ。老龍頭完成後の 1579 年、この地の守備にあたった呉惟忠（名将戚継光の部下）によって修建された。海に入る部分は長さ 22.4m、高さ 9.2m、幅 8.3m になる。

徐達将台 徐达将台 **xú dá jiāng tái シュウダアジィアンタァイ**[★☆☆]

25 万人の軍をひきいて北伐を行ない、モンゴル族の元を北方に追いやった徐達（1332 〜 85 年）。明初期の名将徐達は

河北省

山海関の建設者でもあり、北京に拠点をおいて辺境地帯の防御に目を光らせた。

海神殿 海神殿 hǎi shén diàn ハァイシェンディエン[★☆☆]
明初期、渤海に棲む海神をまつるために建てられた海神殿。前方に牌楼、後方に天后宮が位置する。

天后宮 天后宮 tiān hòu gōng ティエンホォウゴォン[★☆☆]
海の守り神媽祖がまつられた天后宮。明初期に建てられ、その後、何度も再建されている。

▲左　老龍頭から渤海をのぞむ。　▲右　異民族から中国本土を守るための兵士が派遣されていた

渤海 渤海 bó hǎi ボオハァイ ［★★☆］

山東半島と遼東半島に囲まれた内海で、黄河の流れこむ渤海。北から渤海、黄海、東海、南海を中国の四海と呼び、渤海は古くは「勃海」と表記し、「勃」とは海が陸地に食い込んだ地形を意味する（古くは渤海、東海、南海が中国の海で、黄海という名称は黄河が山東の南を流れていた清代に生まれた呼称）。春秋戦国時代、斉や燕の方士たちはこの渤海に見える蜃気楼を神仙の棲む蓬莱、瀛洲、方丈の三神山と考えた。始皇帝（紀元前259〜前210年）はこの渤海に巡行して碣石宮を築き、その場所は山海関から北戴河あたりだったとされる。

Guide,
Meng Jiang Nu Miao
孟姜女廟
鑑賞案内

涙で万里の長城を崩した孟姜女
中国各地に孟姜女の話が伝えられるなか
山海関そばのものはもっとも有名な孟姜女廟

孟姜女物語とは

水浴びをしていた孟姜女。万喜良にその姿を見られたことをきっかけに、互いを意識するようになり、ふたりは結婚する。しかし、万喜良は秦の始皇帝の命によって万里の長城建設を命じられ、夫婦は引き離されてしまう。孟姜女は夫に手織りの冬着を送り届けるため、はるか長い旅路をへて山海関までやってきた。しかし、夫の万喜良はすでに生命を落とし、その骨は万里の長城のしたに埋まっていると聞かされる。事実を知った孟姜女が涙を流すと、その涙で長城は崩れ、愛する夫の遺骨を手にした孟姜女は渤海に身を投げる。この話は夫

【地図】孟姜女廟

【地図】孟姜女廟の [★★☆]
- [ ] 孟姜女廟 孟姜女庙 メェンジィアンヌウミャオ

【地図】孟姜女廟の [★☆☆]
- [ ] 長階段 长阶 チャァンジィエ
- [ ] 孟姜女殿 孟姜女殿 メェンジィアンヌウディエン
- [ ] 眺望長城 眺望长城 ティァオワァンチャンチャァン
- [ ] 古戯楼 古戏楼 グウシイロゥウ
- [ ] 孟宅と姜宅 孟宅和姜宅 メェンチャイハァジィアンチャイ

孟姜女廟

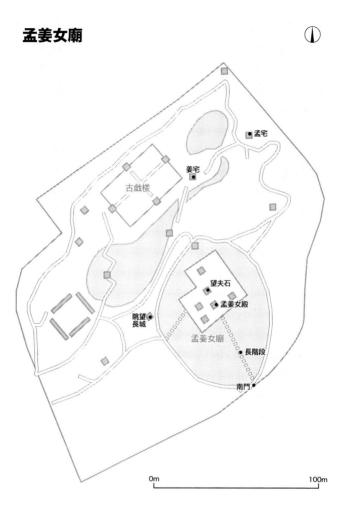

河北省

への貞節、過酷な長城建設への民衆の怒りなど、さまざまな要素をもち、脚色されながら日本にも伝わっている（平安時代の『伊勢物語』などにその影響が見える）。『梁祝伝説』『牛郎織女』『白蛇伝』とともに中国四大民間伝承として親しまれている。

孟姜女廟 孟姜女庙
mèng jiāng nǚ miào メェンジィアンヌウミャオ　[★★☆]

山海関の東6km、望夫石村にそびえる鳳凰山のいただきに立つ孟姜女廟。夫への貞淑さ、暴君への民衆の怒りなどから、

Qinhuangdao 孟姜女廟鑑賞案内

▲左　孟姜女殿へ続く108段の長階段。　▲右　孟姜女説話は中国でもっとも親しまれている物語のひとつ

　孟姜女は道教の神様として民間信仰の対象となってきた。この地の孟姜女廟は宋代（960～1279年）以前に建てられ、明代の1594年に再建された。周壁をめぐらせた鳳凰山の広大な敷地に孟姜女説話のさまざまな場面が展開する。山門には「貞女祠」という扁額が見え、前殿、後殿のうしろに孟姜女が夫を思った望夫石が残る。またここから東南8kmの渤海には孟姜女が身を投げたという姜女墳と呼ばれる岩礁が立つ。

河北省

長階段 长阶 zhǎng jiē チャァンジィエ ［★☆☆］

南門から孟姜女殿へ伸びる108段の階段。故郷（陝西省のほかいくつか考えられる）からはるか彼方の山海関にたどり着くまで、孟姜女は風、雨、太陽の強い日差しを受けたという。この孟姜女の乗り越えた108つの困難が長階段で表現されている。

孟姜女殿 孟姜女殿
mèng jiāng nǔ diàn メェンジィアンヌウディエン [★☆☆]

鳳凰山の長城、ちょうど孟姜女廟の中心にあたる孟姜女殿。孟姜女の塑像を安置する孟姜女殿のほか、貞女祠、孟姜女が夫を思って泣いたという望夫石などが位置する。入口に見える「海水朝朝朝朝朝朝朝落、浮雲長長長長長長長消」の文字は、「海水は朝（しおさ）し、朝（あした）朝（あした）に朝（しおさ）し、朝（あした）に朝（しおさ）し、朝（あした）に落ち、浮雲は長（わ）き、長く長く長（わ）き、長く長（わ）き、長く消ゆ」を意味する。

河北省

眺望長城 眺望长城 tiào wàng cháng chéng
ティァオワァンチャンチャァン ［★☆☆］

眺望長城は夫の働く万里の長城を眺める孟姜女の像。夫万喜良の身のうえを案ずる心配そうな表情をしている。

古戯楼 古戏楼 gǔ xì lóu グウシイロォウ ［★☆☆］

孟姜女廟の北側に人造湖と庭園が広がり、そのそばに立つ古戯楼。中心の孟姜女像から十字型に道が伸び、四方に楼閣が立つ。周囲の楼閣は回廊で結ばれている。

▲左　夫を思う孟姜女像が立つ、眺望長城。　▲右　孟姜女殿の背後に残る望夫石

孟宅と姜宅 孟宅和姜宅 mèng zhái hé jiāng zhái
メェンチャイハァジィアンチャイ ［★☆☆］

孟姜女の出生話に由来し、川をはさんで立つ孟宅と姜宅。昔むかし、孟さんと姜さんというふたりの老人が隣同士で暮らしていた。孟さんの植えたひょうたんのつるが姜さんの家に伸び、そこで実をつけた。そのひょうたんの実からは女児（孟姜女）が出てきて、ふたりともが「自分の子どもだ」と主張した。結局、孟さんと姜さんふたりの子どもとして育てることになり、女児は「孟姜女」という名前がつけられた。中国伝統の四合院様式の建築となっている。

河北省

つくられていった孟姜女説話

城壁を涙で倒した孟姜女の話は、『春秋左氏伝』のなか、紀元前549年の斉の国のものとしてはじめて見える。一方、孟姜女説話に登場する始皇帝の万里の長城は、山海関よりもはるかに北方で、孟姜女と始皇帝の長城建設の話はまったく別のものだったという。このふたつの話が結びつけられたのは、北斉（550～577年）のころだとされ、山海関近くには北斉時代の長城跡も見つかっている。北斉は北方の突厥、契丹、柔然などを防ぐため、552～57年に180万人を動員して万里の長城を築き、その建設の苛酷さは秦の始皇帝時代以

Qinhuangdao｜孟姜女廟鑑賞案内

上だったという（また 553 年、文宣帝は山海関近くの碣石山にのぼったという記録も残る）。やがて唐代ごろから古い万里の長城を建設し、暴君の象徴とされた始皇帝と孟姜女の話がひとつとなり、現在の孟姜女の物語がつくられた。

Guide,
Shan Hai Guan Jiao Qu
山海関郊外
城市案内

長らく漢族と塞外の地をわけてきた山海関
始皇帝ゆかりの碣石
山海関から伸びる角山長城が位置する

姜女墳 姜女坟 jiāng nǚ fén ジィアンヌウフェン ［★★☆］
山海関の15kmほど東（遼寧省綏中県）の渤海に浮かぶ門のようなふたつの岩礁。東側は海面から高さ24mでそびえ、西側はくだかれ横に倒れている。夫の遺骨を抱いて渤海に身を投げた孟姜女の墓（姜女墳）と伝えられ、ふたつの岩礁は孟姜女とその夫の万喜良とも、高いほうは碑、低いほうは墓とも伝えられる（孟姜女が渤海に身を投げた瞬間、あたりは黒い雲に包まれ、巨大な岩が海中に岩ができたとされる。また孟姜女を水神の龍王と龍女が竜宮城に導いたともいう）。孟姜女伝説と結びつけられたこのふたつの岩礁は、近年に

河北省

なって始皇帝が巡行に訪れた碣石だということがわかり、このふたつの岩礁が海にある神仙世界への入口にあたる碣石門だとされる。陸地からは始皇帝時代の宮殿跡も発見されているが、後世になってこの岩が孟姜女と見立てられ、長らく碣石の地は忘れられていた。

碣石宮遺址 碣石宮遗址
Jié shí gōng yí zhǐ ジエシイゴォンイイチイ [★☆☆]

古くは夏の禹王が冀州が通過し、始皇帝が巡行に訪れて行宮をおいた碣石の地。渤海に面する碣石には始皇帝による「皇

Qinhuangdao 山海関郊外城市案内

帝威を奮い、徳は諸侯をあわせ、初めて泰平を一にし、城郭を堕壊し、川防を決通す」の顕彰が彫られたが、長いあいだその場所がわからず、秦皇島南西の昌黎県にあるものが碣石山とされてきた。近年になってここ碣石の対岸の碣石宮遺址（石碑地遺址）から、陝西省の始皇帝陵そばから出土したものと同じ直径52センチの巨大な瓦当が出土した。石牌地のほか、近くの黒山頭遺跡と北戴河の金山嘴からも秦の始皇帝時代の遺構が確認され、この地が碣石であると「発見」された。紀元前215年、始皇帝は碣石の離宮で方士の盧生と面会し、その後、始皇帝に続いて漢の武帝もこの地に宮殿を築いた。

【地図】山海関郊外

【地図】山海関郊外の [★★★]
- ☐ 山海関（天下第一関）山海关 シャンハイグゥアン
- ☐ 老龍頭 老龙头 ラァオロォントゥウ

【地図】山海関郊外の [★★☆]
- ☐ 姜女墳 姜女坟 ジィアンヌゥフェン
- ☐ 渤海 渤海 ボオハァイ
- ☐ 孟姜女廟 孟姜女庙 メェンジィアンヌゥミャオ
- ☐ 秦皇島 秦皇岛 チィンフゥアンダァオ

【地図】山海関郊外の [★☆☆]
- ☐ 碣石宮遺址 碣石宫遗址 ジエシイゴォンイィチイ
- ☐ 懸陽洞 悬阳洞 シュゥエンヤァンドォン
- ☐ 角山長城 角山长城 ジィアオシャンチャンチャァン
- ☐ 燕塞湖 燕塞湖 イェンサァイフウ

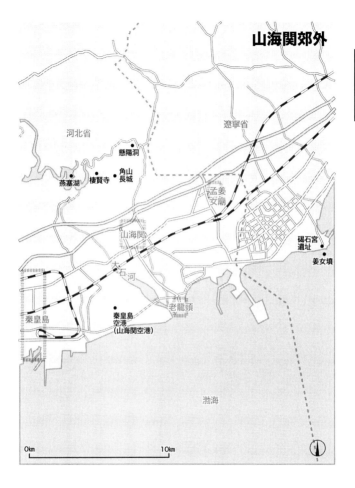

懸陽洞 悬阳洞
xuán yáng dòng シュゥェンヤァンドォン [★☆☆]

山海関北の黄牛山麓にある洞窟の懸陽洞。洞窟の深さ37m、高さ14m、幅13mで、かつては三層の楼閣が洞内に立っていたという。

角山長城 角山长城
jiǎo shān cháng chéng ジィアオシャンチャンチャァン [★☆☆]

山海関から北京方面へ走る燕山山脈の尾根上に伸びる万里の長城。ここ角山長城は高さ519mの角山に展開し、ちょうど

老龍頭から見て、龍の角にあたることから名づけられた。あたりは景勝地の「瑞蓮奉日（角山頂）」と知られるほか、古刹棲賢寺も残る。

燕塞湖 燕塞湖 yàn sāi hú イェンサァイフウ［★☆☆］
山海関から北西に6㎞、大石河をダム状にした貯水池の燕塞湖。燕塞湖という名前は、燕山山脈の麓に位置し、古くから要塞があったことに由来する。あたりは風光明媚な景色が広がる。

Guide, Bei Dai He
北戴河城市案内

CHINA
河北省

穏やかな波、どこまでも続く砂浜
毛沢東や鄧小平といった指導者に
愛されてきた避暑地の北戴河

北戴河 北戴河 běi dài hé ベイダァイハア [★★☆]

北京と同緯度ながら、夏は涼しく、冬は暖かい気候をもつ北戴河は、中国を代表する保養地。この北戴河の開発は、1893年、天津～山海関の京奉鉄道工事を行なっていたイギリス人技師が、偶然、遠浅の良好な砂浜を発見したことにはじまる。以後、中国に進出していたイギリス人商人や官吏たちの保養地として別荘が構えられるようになり、1898年、清朝は北戴河を外国人用の避暑地とした（イギリス人によって開発された軽井沢と同様の性格をもつ）。アメリカ人、ロシア人などが別荘をもち、避暑に訪れる外国人の国籍は64か国にも

Qinhuangdao 北戴河城市案内

のぼったが、1949 年、中華人民共和国が成立すると中国人政治最高幹部の高級別荘や労働者の療養地になった。とくに毎年、夏、中国最高指導者が集まる北戴河会議は北京の中南海がそのままこの地にやってくると言われ、中国政治の方針に大きな影響力をもつ。

北戴河のかんたんな歴史

秦の始皇帝（紀元前 259 〜前 210 年）が巡行に訪れ、不老不死の仙薬を求めさせた碣石。北戴河には秦代の行宮跡が残り、漢の武帝と楼船将軍の楊僕がこの地に望海台を築いたとも伝

【地図】北戴河

【地図】北戴河の [★★☆]
- [ ] 北戴河 北戴河ベイダァイハア
- [ ] 渤海 渤海ボオハァイ

【地図】北戴河の [★☆☆]
- [ ] 老虎石 老虎石ラァオフウシイ
- [ ] 蓮花石公園 莲花石公园
  リィエンフゥアシイゴォンユゥエン

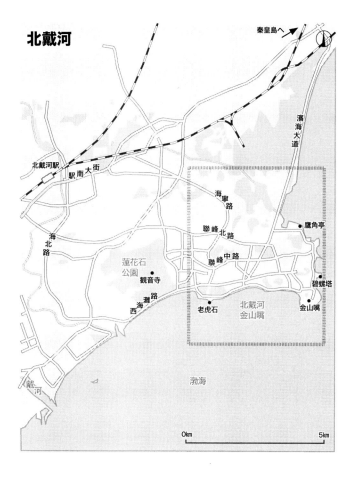

【地図】北戴河金山嘴

【地図】北戴河金山嘴の [★★☆]
- ☐ 北戴河 北戴河ベイダァイハア
- ☐ 渤海 渤海ボオハァイ

【地図】北戴河金山嘴の [★☆☆]
- ☐ 老虎石 老虎石ラァオフウシイ
- ☐ 秦行宮遺跡 秦行宮遺址チィンシィンゴォンイイチイ

CHINA
河北省

えられる。古くから船着場のあった北戴河は、宋代までは朝鮮半島をうかがう拠点と知られていたが、やがて海禁もあって衰退した。明代になると、北戴河金山嘴に山海関を補助する軍事拠点金山衛がもうけられ、清代には乾隆帝、同治帝らが巡行している。アヘン戦争（1840 〜 42 年）以後、西欧列強が中国に進出するなかで、北京や天津に暮らす西欧人、大使館に勤務する官吏や宣教師を中心に保養地が形成された（戦前、夏のみ、ジャパン・ツーリスト・ビューローの出張所が北戴河にあった）。1949 年以後、北戴河は中国人たちの保養地となった。

▲左　海辺に残る老虎石。　▲右　北戴河は中国有数の保養地

北戴河の構成

北戴河という地名は、渤海にそそぐ戴河の北側に位置することに由来する。北戴河駅から南東に伸びる半島の南側と東側に砂浜が広がり、丘陵部が海近くまでせまる地形をもつ。戴河から鷹角亭にいたる美しい海岸線は10kmほど続き、半島先端部の金山嘴は最高級別荘地区となっている。海岸地帯には渤海を望むに絶好のモニュメント「碧螺塔」、風化作用で鷹を思わせるかたちになった鷹角石が見られる「鷹角亭」も立つ。

河北省

老虎石 老虎石 lǎo hǔ shí ラァオフウシイ ［★☆☆］
遠浅の海と波がつくった絶好の穏やかな環境をもつ北戴河の砂浜。砂浜には巨岩が散財し、大きな虎に見え、満潮時に石が海中に浮かぶ老虎石も残る。あたりは老虎石海上公園として整備され、格好の海水浴場となっている。

【MEMO】

河北省

秦行宮遺跡 秦行宫遗址
qín xíng gōng yí zhǐ チィンシィンゴォンイイチイ [★☆☆]

北戴河の先端部、金山嘴の横石山で発掘された秦行宮遺跡。河北省北戴河、秦皇島、山海関から遼寧省にかけて秦の始皇帝時代の行宮があったと言われ、1987年、ここ北戴河で始皇帝時代の長さ52m、幅17.5mで東西ふたつからなる遺構が発見された。姜女墳そばの石牌地遺跡などとともに、碣石離宮の有力な候補地となっている（紀元前215年、不老不死の仙薬を求めさせ、離宮をおいた碣石の地が渤海に面したこのあたりにあるとされてきた）。

▲左　始皇帝はここまで来ていた!?　秦行宮遺跡。　▲右　北戴河では洋風建築がいくつも見られる

蓮花石公園 莲花石公园 lián huā shí gōng yuán
リィエンフゥアシイゴォンユゥエン［★☆☆］

最高峰153mの連峰山がそびえ、高所からは北戴河を一望できる蓮花石公園。昔むかし、蓮の花をもった女の子が津波から村人を守り、蓮の花だけを残して昇天した。そして、その蓮は石になったという伝説が残る。1919年に公園として開放され、奇石、松柏が点在するなか、乾隆帝時代の1795年に再建された観音寺も見られる。

河北省

北戴河会議とは

高原などで過ごして夏の暑さを避ける「避暑」という習慣は近代、西欧人がもたらしたもので、やがて中国でも定着した。夏の北戴河は優れた気候と北京へのほどよい距離もあって、中国の現役指導者とOBによる避暑をかねた会議や権力闘争が行なわれてきた。毎年、夏に開かれる「北戴河会議」は事実上、中国の最高意思決定の場となり、中南海がそのまま引っ越してくると言われる。水泳を愛した毛沢東はここで夏を過ごして『浪淘沙・北戴河』(「大雨落幽燕／白浪滔天／秦皇島外打魚船／一片汪洋都不見／知向誰辺」) を詠み、また毛沢

Qinhuangdao 北戴河城市案内

東暗殺計画をたてた林彪は北戴河の別荘から山海関飛行場へ逃れ、旧ソ連に亡命しようとしたが、モンゴルで墜落した（林彪事件の舞台にもなった）。北戴河会議が開かれるとき、北戴河のホテルや保養地は一般の人びとが利用できないほどになる。

Guide,
Dai He Jiao Qu
戴河郊外
城市案内

皇帝が訪れたという碣石山
北戴河から南戴河にかけて続く美しい海辺では
大型リゾート地の開発も進む

南戴河 南戴河 nán dài hé ナァンダァイハア［★☆☆］
北戴河と対の双子状に、戴河南側に広がる南戴河。美しいビーチをもつリゾート地として、北戴河に続いて開発が進んでいる。浜辺沿いにある仙螺島遊楽中心はじめ、ペガサスの銅像が立つ天馬広場、海上楽園などが位置する。

北戴河葡萄島旅游区 北戴河葡萄岛旅游区
běi dài hé pú táo dǎo lǚ yóu qū
ベイダァイハアプウタオダァオリュウヨウチュウ［★☆☆］
渤海に向かってつき出し、ドバイの人工島を思わせる北戴河

【地図】戴河郊外

【地図】戴河郊外の [★★☆]
- ☐ 秦皇島 秦皇岛チィンフゥアンダァオ
- ☐ 渤海 渤海ボオハァイ
- ☐ 北戴河 北戴河ベイダァイハア

【地図】戴河郊外の [★☆☆]
- ☐ 南戴河 南戴河ナァンダァイハア
- ☐ 北戴河葡萄島旅游区 北戴河葡萄岛旅游区 ベイダァイハアプウタオダァオリュウヨウチュウ
- ☐ 碣石山 碣石山ジエシイシャン
- ☐ 洋河水庫 洋河水库ヤァンハァシュイクウ

戴河郊外

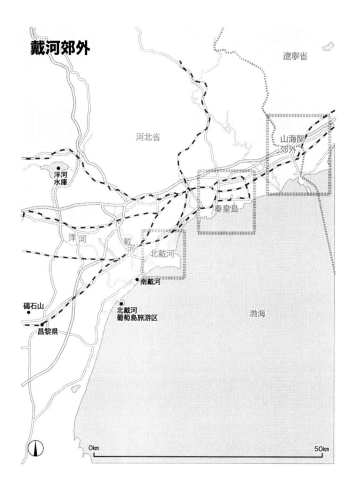

戴河郊外城市案内

河北省

葡萄島旅游区。ぶどう型の敷地に、超高級ホテル、コンベンションセンター、レジャー施設が集まる一大リゾート地として開発が進む。4つの島はそれぞれ紫葡萄島、紅葡萄島、黄葡萄島、緑葡萄島と名づけられている。

碣石山 碣石山 jié shí shān ジエシイシャン ［★☆☆］
秦皇島から南西に3km、古刹の水岩寺も残る標高695mの昌黎県碣石山。紀元前207年、三国志の英雄曹操が「東臨碣石／以観滄海」を詠んだことでも知られる（曹操は河北を平定したのち、モンゴル族烏桓を討つためにこの地を訪れた）。

本来、始皇帝が訪れた碣石の地は山海関あたりをさしたが、長いあいだにその場所が忘れられ、やがて魏晋南北朝時代に昌黎県の山が碣石山とされた。北魏文成帝や北斉の文宣帝、唐太宗も碣石山に登り、ここから渤海を望んでいる。

洋河水庫 洋河水库
yáng hé shuǐ kù ヤァンハァシュイクウ［★☆☆］
秦皇島の北西32㎞に広がる洋河水庫。戴河と並行して渤海にそそぐ洋河をせきとめてつくられた人造湖で1961年に完成した。秦皇島、北戴河の貴重な水源となっている。

城市の
うつり
かわり

秦皇島・山海関・北戴河
さまざまな伝承で彩られた
渤海をとり巻く街の歩み

古代から隋唐（〜10世紀）

渤海に面した秦皇島、山海関、北戴河あたりは、古代中国の碣石の地とされ、夏の禹王が冀州をおさめたとき、この地を訪れ海に入ったという。渤海には蜃気楼が浮かぶことがあり、南側の斉とともに（秦皇島を領域とした）燕では方術を使う方士によって「仙人の棲む蓬莱山が海上にある」と信じられてきた。紀元前221年に中華全土の統一を果たした秦の始皇帝は、紀元前215年にこの碣石を訪れ、方士盧生に仙薬を探させている（当時の遺構が、山海関すぐそばの遼寧省綏中県と北戴河から出土した）。続く漢（紀元前202〜220年）代、

CHINA
河北省

碣石は中華世界と異民族の棲む世界をわける指標となっていたが、当時は海岸沿いは湿地帯だったため、より内陸に交通路が走っていた。北斉（550〜577年）時代になると現在の万里の長城とほぼ同じ位置に長城が築かれ、「長城の工事にあたった夫を求めてこの地を訪れ、やがて渤海に身を投げた」孟姜女伝説が碣石と結びつけられるようになった。また隋代には現在の山海関よりも西側に臨渝関がおかれていた。

▲左　伝統的な中国庭園、山海関の王家大院。　▲右　渤海にのぞむ北戴河鷹角亭

明清（14〜20世紀）

北京を都としたモンゴル族の元を討伐して新たに中華に君臨した明朝（1368〜1644年）。明朝では北方や東北の異民族への防御態勢が重要になり、1381年、徐達によって山海関が築かれ、燕山山脈にそって万里の長城が西へ続いた（山海関が長城東端となっていたほか、ここから遼東辺墻が東へ走っていた）。山海関は漢族の世界である「関内」と異民族の暮らす「関外」をわけ、難攻不落の関所と知られていたが、やがて門が開かれて明清交替の舞台となった。また明嘉靖帝（在位1521〜66年）時代に「始皇帝が仙人を求めさせた」

河北省

という伝説から秦皇島という地名も初見される。秦皇島は渤海に浮かぶ島で、藻塘子と呼ばれる寒村があるばかりで、このあたりの中心は長らく山海関だった。

近代（19〜20世紀）

秦皇島の開発がはじまったのは清朝末期の1898年のこと。秦皇島まわりを埋め立てて港湾施設がつくられ、とくにアヘン戦争（1840〜42年）ののち、中国に進出した西欧列強が天津と違って年中凍ることのない秦皇島に注目した。1900年以後、イギリスは資本をもとに中国で鉄道をしき、鉱山の

▲左　秦皇島中心部では大型建築がならび立つ。　▲右　天下第一関の名で知られる山海関

開発を進め、秦皇島港は開灤炭鉱から産出される石炭の積出港という性格をもった。また時代を少しさかのぼった日清戦争（1894〜95年）時には、両江総督の劉坤一が欽差大臣として山海関に駐屯して対日本軍にあたったほか、1920年代には奉天派と直隷派による中国人軍閥同士の争いの場にもなっている（また1933年の熱河作戦では、日本軍は満州国に隣接する山海関をまず攻撃している）。秦皇島そばの山海関の戦略的要衝という性格が続く一方、1893年以降、秦皇島西の北戴河の開発も進み、北京や天津に近い中国を代表する避暑地へと成長をとげた。

CHINA
河北省

現代（20世紀～）

1949年、中華人民共和国が成立すると、優れた港湾をもつ秦皇島は、新興工業都市として発展した。秦皇島東の山海関は万里の長城が走る「天下第一関」という観光地、西の北戴河は中国有数の避暑地で中国要人の集まる「北戴河会議」が開かれる場所となった。こうしたなか20世紀末から改革開放がはじまると、秦皇島の西側に開発区がおかれ、2008年に北京五輪ではサッカー競技が秦皇島で行なわれた。現在、秦皇島は天津や大連、青島などとともに環渤海経済圏の一員として、華南の珠江デルタ、華中の長江デルタにつぐ第3の

巨大経済圏を構成している。

Qinhuangdao　城市のうつりかわり

参考文献

___

『秦皇島』（秦文・河田薫 / アジア經濟旬報）

『（アジアの街角）中国・秦皇島』（阿久津篤史 / 朝日新聞社）

『秦の始皇帝』（鶴間和幸 / 吉川弘文館）

『秦の始皇帝』（籾山明 / 白帝社）

『山海関孟姜女関連調査報告』（松田徹 / 中国研究）

『海辺暦日』（安藤彦太郎 / アジア經濟旬報）

『秦始皇帝長城伝説とその舞台』（鶴間和幸 / 東洋文化研究）

『山海関志』（秦皇島市山海関区地方志編纂委員会 / 天津人民出版社）

『中国名勝旧跡事典』（中国国家文物事業管理局編 / ぺりかん社）

『孟姜女口承伝説集』（渡辺明次 / 日本僑報社）

『近代中国にあげる海浜避暑地の形成と変遷 -- 北戴河を事例に』（潘丹・立教観光学研究紀要）

『世界大百科事典』（平凡社）

秦皇島市政府门户网站（中国語）http://www.qhd.gov.cn/

［PDF］秦皇島 STAY（ホテル＆レストラン情報）http://machigotopub.com/pdf/qinhuangdaostay.pdf

まちごとパブリッシングの旅行ガイド
Machigoto INDIA , Machigoto ASIA , Machigoto CHINA

【北インド - まちごとインド】

001 はじめての北インド
002 はじめてのデリー
003 オールド・デリー
004 ニュー・デリー
005 南デリー
012 アーグラ
013 ファテープル・シークリー
014 バラナシ
015 サールナート
022 カージュラホ
032 アムリトサル

【西インド - まちごとインド】

001 はじめてのラジャスタン
002 ジャイプル
003 ジョードプル
004 ジャイサルメール
005 ウダイプル
006 アジメール（プシュカル）
007 ビカネール
008 シェカワティ
011 はじめてのマハラシュトラ
012 ムンバイ
013 プネー
014 アウランガバード
015 エローラ
016 アジャンタ
021 はじめてのグジャラート
022 アーメダバード
023 ヴァドダラー（チャンパネール）
024 ブジ（カッチ地方）

【東インド - まちごとインド】

002 コルカタ
012 ブッダガヤ

【南インド - まちごとインド】

001 はじめてのタミルナードゥ
002 チェンナイ
003 カーンチプラム
004 マハーバリプラム
005 タンジャヴール
006 クンバコナムとカーヴェリー・デルタ
007 ティルチラパッリ
008 マドゥライ
009 ラーメシュワラム
010 カニャークマリ
021 はじめてのケーララ
022 ティルヴァナンタプラム
023 バックウォーター（コッラム〜アラップーザ）
024 コーチ（コーチン）
025 トリシュール

【ネパール - まちごとアジア】

001 はじめてのカトマンズ
002 カトマンズ
003 スワヤンブナート

004 パタン
005 バクタプル
006 ポカラ
007 ルンビニ
008 チトワン国立公園

【バングラデシュ - まちごとアジア】

001 はじめてのバングラデシュ
002 ダッカ
003 バゲルハット（クルナ）
004 シュンドルボン
005 プティア
006 モハスタン（ボグラ）
007 パハルプール

【パキスタン - まちごとアジア】

002 フンザ
003 ギルギット（KKH）
004 ラホール
005 ハラッパ
006 ムルタン

【イラン - まちごとアジア】

001 はじめてのイラン
002 テヘラン
003 イスファハン
004 シーラーズ
005 ペルセポリス
006 パサルガダエ（ナグシェ・ロスタム）
007 ヤズド
008 チョガ・ザンビル（アフヴァーズ）
009 タブリーズ

010 アルダビール

【北京 - まちごとチャイナ】

001 はじめての北京
002 故宮（天安門広場）
003 胡同と旧皇城
004 天壇と旧崇文区
005 瑠璃廠と旧宣武区
006 王府井と市街東部
007 北京動物園と市街西部
008 頤和園と西山
009 盧溝橋と周口店
010 万里の長城と明十三陵

【天津 - まちごとチャイナ】

001 はじめての天津
002 天津市街
003 浜海新区と市街南部
004 薊県と清東陵

【上海 - まちごとチャイナ】

001 はじめての上海
002 浦東新区
003 外灘と南京東路
004 淮海路と市街西部
005 虹口と市街北部
006 上海郊外（龍華・七宝・松江・嘉定）
007 水郷地帯（朱家角・周荘・同里・甪直）

【河北省 - まちごとチャイナ】

001 はじめての河北省
002 石家荘
003 秦皇島
004 承徳
005 張家口
006 保定
007 邯鄲

【江蘇省 - まちごとチャイナ】

001 はじめての江蘇省
002 はじめての蘇州
003 蘇州旧城
004 蘇州郊外と開発区
005 無錫
006 揚州
007 鎮江
008 はじめての南京
009 南京旧城
010 南京紫金山と下関
011 雨花台と南京郊外・開発区
012 徐州

【浙江省 - まちごとチャイナ】

001 はじめての浙江省
002 はじめての杭州
003 西湖と山林杭州
004 杭州旧城と開発区
005 紹興
006 はじめての寧波
007 寧波旧城
008 寧波郊外と開発区
009 普陀山
010 天台山
011 温州

【福建省 - まちごとチャイナ】

001 はじめての福建省
002 はじめての福州
003 福州旧城
004 福州郊外と開発区
005 武夷山
006 泉州
007 厦門
008 客家土楼

【広東省 - まちごとチャイナ】

001 はじめての広東省
002 はじめての広州
003 広州古城
004 天河と広州郊外
005 深圳(深セン)
006 東莞
007 開平(江門)
008 韶関
009 はじめての潮汕
010 潮州
011 汕頭

【遼寧省 - まちごとチャイナ】

001 はじめての遼寧省
002 はじめての大連
003 大連市街
004 旅順
005 金州新区

006 はじめての瀋陽
007 瀋陽故宮と旧市街
008 瀋陽駅と市街地
009 北陵と瀋陽郊外
010 撫順

【重慶 - まちごとチャイナ】

001 はじめての重慶
002 重慶市街
003 三峡下り（重慶〜宜昌）
004 大足

【香港 - まちごとチャイナ】

001 はじめての香港
002 中環と香港島北岸
003 上環と香港島南岸
004 尖沙咀と九龍市街
005 九龍城と九龍郊外
006 新界
007 ランタオ島と島嶼部

【マカオ - まちごとチャイナ】

001 はじめてのマカオ
002 セナド広場とマカオ中心部
003 媽閣廟とマカオ半島南部
004 東望洋山とマカオ半島北部
005 新口岸とタイパ・コロアン

【Juo-Mujin（電子書籍のみ）】

Juo-Mujin 香港縦横無尽
Juo-Mujin 北京縦横無尽
Juo-Mujin 上海縦横無尽

【自力旅游中国 Tabisuru CHINA】

001 バスに揺られて「自力で長城」
002 バスに揺られて「自力で石家荘」
003 バスに揺られて「自力で承徳」
004 船に揺られて「自力で普陀山」
005 バスに揺られて「自力で天台山」
006 バスに揺られて「自力で秦皇島」
007 バスに揺られて「自力で張家口」
008 バスに揺られて「自力で邯鄲」
009 バスに揺られて「自力で保定」
010 バスに揺られて「自力で清東陵」
011 バスに揺られて「自力で潮州」
012 バスに揺られて「自力で汕頭」
013 バスに揺られて「自力で温州」

【車輪はつばさ】
南インドのアイラヴァテシュワラ寺院には建築本体に車輪がついていて寺院に乗った神さまが人びとの想いを運ぶと言います。

・本書はオンデマンド印刷で作成されています。
・本書の内容に関するご意見、お問い合わせは、発行元の
　まちごとパブリッシング info@machigotopub.com までお願いします。

まちごとチャイナ
河北省003秦皇島
～渤海に溶け込む「長城」[モノクロノートブック版]

2017年11月14日　発行

著　者	「アジア城市（まち）案内」制作委員会
発行者	赤松　耕次
発行所	まちごとパブリッシング株式会社 〒181-0013　東京都三鷹市下連雀4-4-36 URL http://www.machigotopub.com/
発売元	株式会社デジタルパブリッシングサービス 〒162-0812　東京都新宿区西五軒町11-13 　　　　　　清水ビル3F
印刷・製本	株式会社デジタルパブリッシングサービス URL http://www.d-pub.co.jp/

MP166

ISBN978-4-86143-300-9 C0326　　　　　Printed in Japan
本書の無断複製複写（コピー）は、著作権法上での例外を除き、禁じられています。